JN340011

바다는 어떤 곳일까?

나의 첫 환경책 3

두근두근 첫 다이빙

남극의 추위를 이겨 내는 공동체 황제펭귄

이지유 글 | 혜경 그림

휴먼어린이

안녕! 내 이름은 발등눈, 나는 황제펭귄이야.
발등까지 움푹 빠질 정도로 눈이 온 날 내가 태어났어.
내 이름이 왜 발등눈인지 알겠지?
자, 그럼 내 친구들을 소개할게.

저기 덩치 큰 펭귄이 보이지?

겨울이 되자마자 쌀알 같은 눈이 올 때 태어난 풋눈이야.

저기 쉴 새 없이 떠드는 펭귄은

눈이 발자국을 겨우 남길 만큼 온 날 태어나서 자국눈.

포슬눈과 함박눈도 있어! 다들 예쁜 이름을 가졌지?

나는 아직 바다를 한 번도 본 적이 없어.

하지만 펭귄이라면 태어날 때부터 바다 이야기를 수없이 듣게 돼.

나에게 가장 먼저 바다 이야기를 들려준 펭귄은 우리 아빠야.

내가 아빠 발등에서 알을 깨고 나왔을 때

아빠는 너무 기쁜 나머지 이렇게 외쳤어.

"우아! 이제 안심하고 바다에 가서 배를 채울 수 있다!"

물론 그때는 아빠가 나를 품고 있느라
몇 개월 동안 굶었다는 사실을 몰랐어.
하지만 아빠가 너무 기뻐했기 때문에
바다는 아주 기분 좋은 말이라고 생각했지.

아빠는 뱃속에서 반쯤 소화된 물고기를 게워서 나에게 주었어.

새끼 펭귄이 젖을 먹는다고 가끔 착각하던데,

우리는 조류야. 새라고!

새는 알에서 태어나고 젖을 먹지 않아.

나는 아빠 발등 위에서 머리만 내밀고 세상을 구경했어.
바로 옆에 풋눈도 자기 아빠 발등 위에서 머리만 내놓고 있었지.
우리는 금방 친구가 되었어.

아빠들은 틈만 나면 이렇게 떠들었어.
"엄마 펭귄들이 언제 돌아오려나?"
"그러게 말이야. 이렇게 예쁜 아기들이 태어났는데."
나는 엄마가 얼른 보고 싶었어.
우리 엄마는 어떤 냄새가 날까?
목소리는 어떨까?
맛있는 물고기를 주실까?

나는 엄마가 어떻게 생겼는지는 별로 궁금하지 않아.
사실 아빠가 어떻게 생겼는지도 잘 모르거든.
너도 아빠 발등에 쪼그리고 앉아서 고개를 들어 보면
아빠의 턱만 보이지 아무것도 안 보일 거야.
그래도 나는 아빠를 찾을 수 있어.
냄새와 소리로!

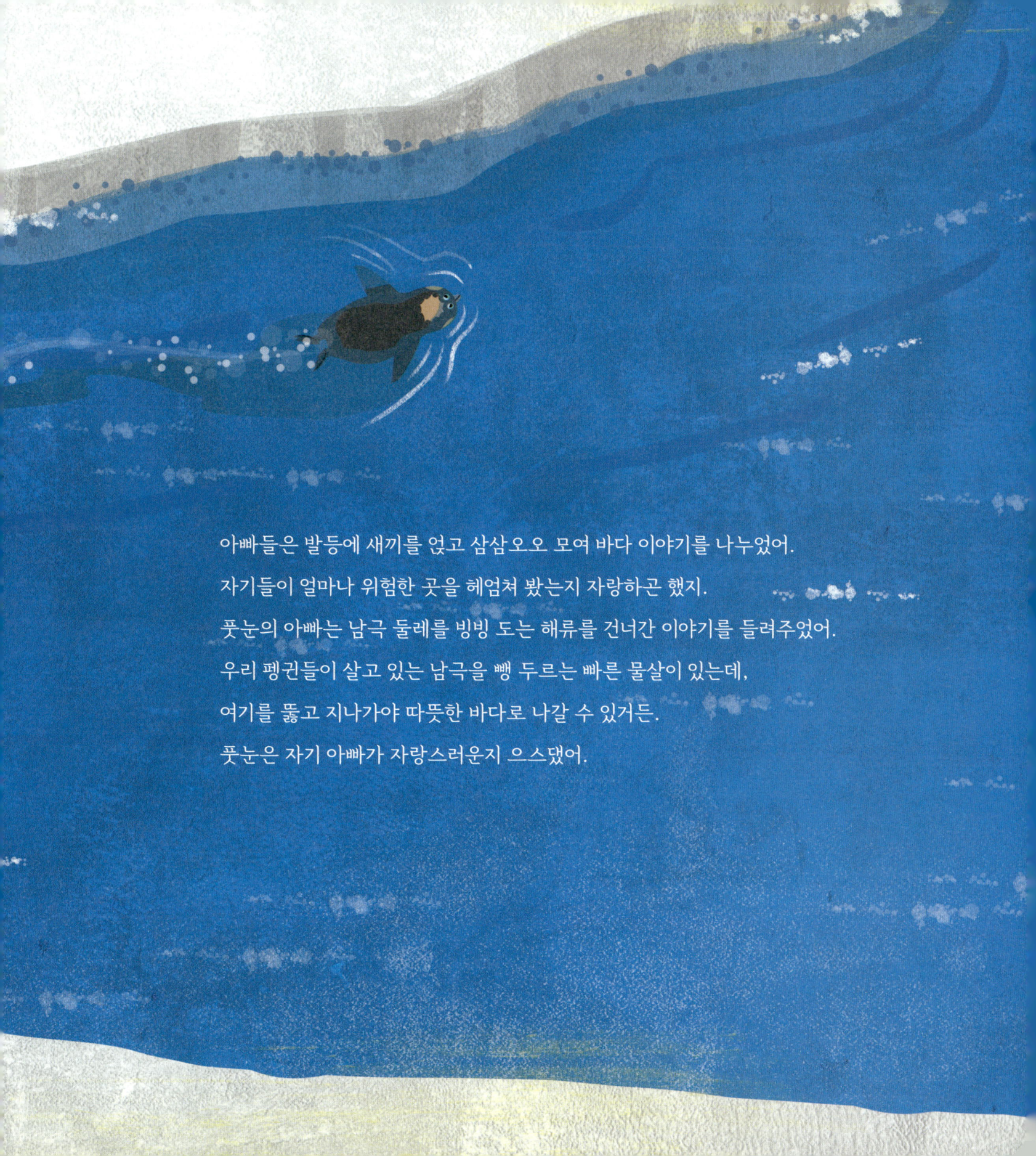

아빠들은 발등에 새끼를 얹고 삼삼오오 모여 바다 이야기를 나누었어.
자기들이 얼마나 위험한 곳을 헤엄쳐 봤는지 자랑하곤 했지.
풋눈의 아빠는 남극 둘레를 빙빙 도는 해류를 건너간 이야기를 들려주었어.
우리 펭귄들이 살고 있는 남극을 뺑 두르는 빠른 물살이 있는데,
여기를 뚫고 지나가야 따뜻한 바다로 나갈 수 있거든.
풋눈은 자기 아빠가 자랑스러운지 으스댔어.

포슬눈 아빠는 바다에 사는 무시무시한 범고래와 싸운 이야기를 했어.
바다에는 엄청나게 덩치가 큰 고래들이 여러 종류가 있는데,
정말 큰 고래는 펭귄들에게 별 관심이 없대.
그런데 오히려 덩치가 작은 편인 범고래는 펭귄을 잡아먹는다는 거야.

범고래는 머리도 좋고 여러 마리가 협동해서 사냥하기 때문에 더 위험해.
그런데 포슬눈 아빠는 수영을 아주 잘해서 범고래를 요리조리 따돌렸고,
그 틈을 타서 다른 펭귄들이 도망갈 수 있었대.

그럼 우리 아빠는 뭘 했을까?
궁금하게 여길 때쯤 우리 아빠가 이야기를 시작했어.
아빠가 친구들과 처음으로 바다를 보러 갔을 때 생긴 일이야.
얼음 절벽 끝에 서서 처음 내려다본 바다는 너무나 무서웠대.
파도가 마치 괴물의 입 같았고, 물속에는 바다사자들이 기다리고 있었거든.
넓은 바다를 헤엄치려면 물에 뛰어들어야 하지만 아무도 꼼짝하지 않았지.
왜냐하면 바다사자의 먹이가 될까 봐 두려웠으니까!

펭귄들은 모두 벼랑 끝에서 떨어지지 않으려고
발끝에 힘을 주고 버텼어.
그때 가장 먼저 용기를 내 바다로 뛰어든 펭귄이 누구게?
누구긴 누구야, 우리 아빠지!
우리 아빠가 가장 먼저 바다에 뛰어들자
다른 펭귄들이 우르르 따랐어.
떼 지어 바다로 뛰어드니 무서울 게 없었지.
펭귄들은 유유히 물을 가르며 드넓은 바다로 나갔어.
맨 앞에서 헤엄치던 펭귄이 우리 아빠라니 너무 자랑스러워!

아빠들이 이렇게 자기 자랑을 하느라 바쁠 때 누군가 소리쳤어.
"엄마 펭귄들이 온다!"
나는 목을 주욱 빼고 소리 나는 쪽을 보았어.
저 멀리서 펭귄들이 뒤뚱뒤뚱 이쪽으로 오고 있었지.
모두 배가 빵빵하고 활기찼어.
드디어 엄마를 만난다! 나는 가슴이 뛰었어.

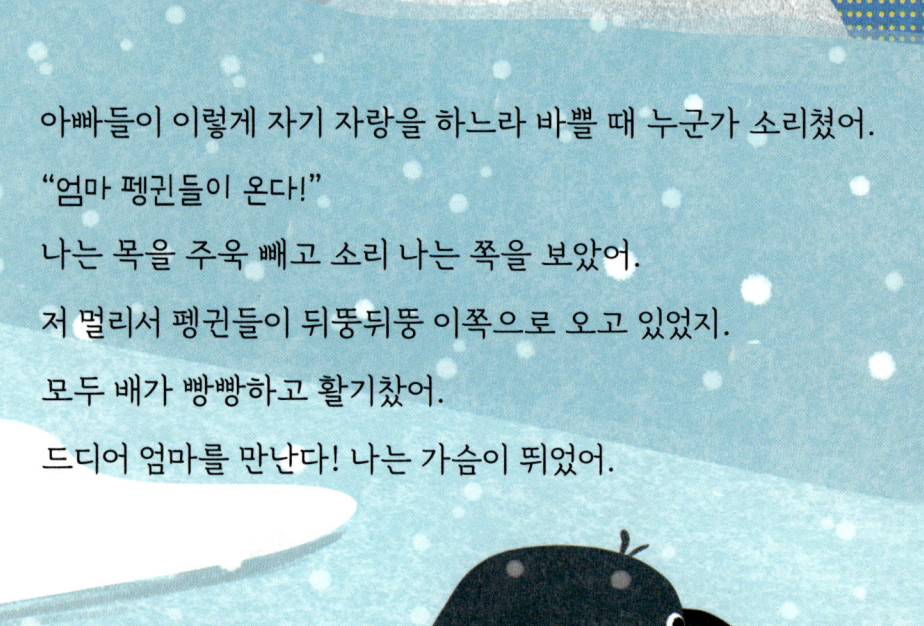

펭귄들은 아주 난리가 났어. 정말 시끄러웠지.
엄마 펭귄이 아빠 펭귄을 찾느라 서로 소리를 질렀기 때문이야.
정말 신기한 게 뭔지 알아?
이렇게 시끄러워도 나는 정확히 엄마 소리를 알아들을 수 있어.
그건 아빠도 마찬가지야.
어떻게 아느냐고 묻지 마. 나도 몰라.
세상에는 설명할 수 없는 일이 많다고.

나는 엄마가 가까이 왔다는 걸 알 수 있었어.
엄마와 아빠가 드디어 만났어.
"여보, 정말 고생 많았어요. 우리 발등눈 어디 보자!"
엄마는 아빠를 한 번 껴안고 나를 쳐다봤어.
나는 아빠 발에서 떠나 엄마 발로 옮겨 갔어.
우아, 이런 바람은 처음 느껴 봐.
바람에 내 털이 날리니 내 다리도 휘청거렸어.

나는 엄마 품에 안기고 나서야 아빠의 모습을 제대로 볼 수 있었어.

아빠 고마워요! 아빠 품은 정말 따뜻했어요.

엄마는 아빠에게 걱정 말고 어서 바다로 가라고 등을 떠밀었지.

아빠는 선뜻 가지 못하고 몇 번이나 엄마를 안아 주고 나를 들여다보았어.

"발등눈, 가장 먼저 바다로 뛰어드는 펭귄이 되어라!"

아빠는 나에게 이 말을 남기고 바다로 떠났어.

엄마가 주는 밥은 정말 맛있었어.
먹어도 먹어도 배가 고파서 계속 먹었더니
나는 무럭무럭 자랐어.

어느덧 나는 엄마 품에서 나와 조금씩 밖을 돌아다녔어.
친구들과 몰려다니며 재미나게 놀았지.
우리는 솜털이 보송보송 남아 있어서 멀리서도 서로를 알아보았어.
어른 펭귄처럼 물에 젖지 않는 멋진 털을 가지려면 아직 기다려야 해.

풋눈, 함박눈, 포슬눈, 자국눈과 나는 날마다 새로운 곳을 탐험했어.
한번은 우리가 무리 지어 사는 곳 가장자리까지 갔는데,
그곳에서 새끼 펭귄이 도둑갈매기에게 쪼이고 있었어.
우리는 새끼 펭귄이 가여워 도와주기로 했지.
우리 중에 덩치가 가장 큰 풋눈이 숨을 잔뜩 들이마시고 가슴을 내밀었어.
풋눈이 그렇게 커지다니 우리는 아주 깜짝 놀랐지.
나머지 친구들도 날개를 퍼덕이며 큰 소리를 냈어.
결국 도둑갈매기는 놀라서 저 멀리 달아났어.

다음 날 우리는 아빠들이 바다를 향해
나아간 쪽으로 갔어.
다 같이 바다 이야기를 하던 그때 누군가 소리쳤어.
"너희는 어제 그 펭귄들이구나!"
깜짝 놀라 하늘을 쳐다보니
어제 새끼 펭귄을 공격하던 도둑갈매기였어.
"너희가 바다에서도 용감할지 한번 봐야겠다."
"바다를 잘 아세요?"
"암, 잘 알고말고. 나는 바다 위를 날지.
너희는 날개가 있어도 못 날지? 하하하."
도둑갈매기는 하늘을 빙글 한 바퀴 돌더니
우리 앞에 내려앉았어.

"놀리지만 말고 바다에 대해 이야기해 주세요."
"그래, 뭐가 가장 궁금하니?"
"우리 아빠가 저보고 가장 먼저 바다로 뛰어드는 펭귄이 되랬는데,
아직 바다를 한 번도 못 봤지만 벌써 무서워요."
"어제 그렇게 고래고래 고함을 치던 펭귄이 할 소리는 아닌 것 같은데.
뭐, 누구나 처음은 무섭지. 앞으로 벌어질 일을 알 수 없으니 두려운 거야."
"바다엔 커다란 파도와 무서운 바다사자가 있다는 말을 들었어요."

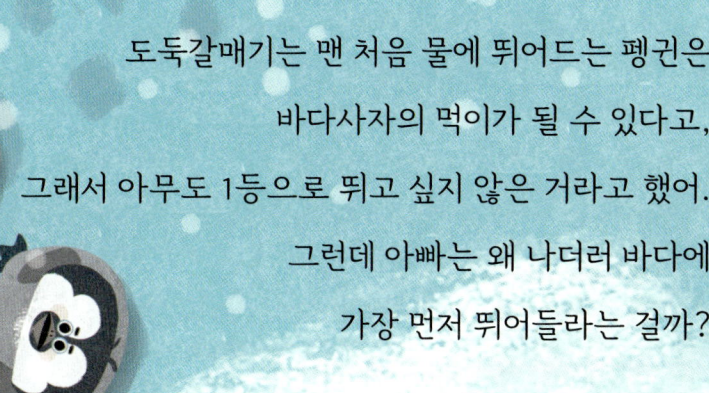

도둑갈매기는 맨 처음 물에 뛰어드는 펭귄은
바다사자의 먹이가 될 수 있다고,
그래서 아무도 1등으로 뛰고 싶지 않은 거라고 했어.
그런데 아빠는 왜 나더러 바다에
가장 먼저 뛰어들라는 걸까?

나는 점점 두려워졌어.

이제 솜털이 조금씩 빠지고 뻣뻣한 털이 나기 시작했어.

물에 젖지 않는 진짜 펭귄 털 말이야!

등과 날개 바깥쪽에는 검은색 털이 나고 배에는 흰색 털이 났지.

몸은 어른이 되어 가는데, 나는 아빠처럼 용기를 내지 못할까 봐 무서웠어.

엄마가 주는 물고기도 별로 맛이 없고 친구들이랑 노는 것도 재미없었지.

나는 자꾸 우울해졌어.

풋눈이 내 기분을 풀어 주려고 찾아왔어.
풋눈에게만 몰래 고민을 털어놓았는데,
마침 가까이 있던 엄마가 내 이야기를 들어 버렸지 뭐야.
"발등눈, 네가 요즘 잘 안 먹는 이유가 그거니?
아빠처럼 바다에 가장 먼저 뛰어드는 펭귄이 되지 못할까 봐?"
나는 너무 창피했어.
당당히 1등을 해서 엄마, 아빠의 자랑거리가 되고 싶었는데 말이야.

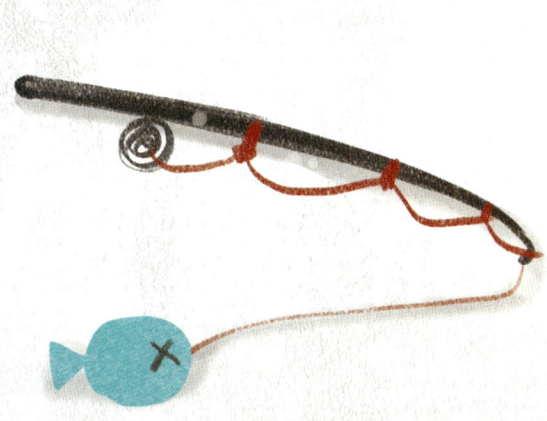

"아이고, 내가 없는 사이에 네 아빠가 자랑을 아주 많이 했구나.
보나 마나 풋눈 너희 아빠는 남극을 휘감는 해류를 헤쳐 나간 이야기를 했겠지?"
엄마는 마치 아빠들의 이야기를 직접 들은 것처럼 말했어.

"발등눈, 네가 알아야 할 게 있어.
네 아빠와 나, 풋눈의 아빠와 엄마, 우리는 첫 다이빙을 앞두고
기대와 두려움을 함께 느끼며 벼랑 끝에 섰어.
펭귄이라면 누구나 그 순간을 맞이하지.
얼음 위에서 안 떨어지려고 모두 발끝에 힘을 주고 있는데,
너희 아빠가 너무 잘 버티는 거야. 엄마는 아빠 바로 뒤에 서 있었지.
그대로 심장이 터질 것 같아서 더는 참을 수가 없었어.
차라리 빨리 뛰어내리고 싶었지. 그래서 네 아빠를 밀었어!"

"예?"
우리는 모두 놀라서 소리쳤어.
아빠는 스스로 뛰어내린 게 아니라
엄마가 탁 쳐서 그냥 1등이 되었던 거야.

엄마의 이야기를 듣고 나니 마음이 편해졌어.
아빠도 두려움을 이기고 바다에 뛰어든 게 아니었어.
그냥 엄마가 밀어서 그렇게 되었던 거야.

아빠는 아직도 엄마가 뒤에서 밀었다는 사실을 몰라.
엄마가 아무에게도 말하지 않았으니까.
그래서 아빠의 자랑거리가 될 수 있었지.
걱정이 사라지니 나도 첫 다이빙이 기다려졌어.
하지만 꼭 1등을 할 필요는 없어.

이제 친구들과 노는 게 다시 재밌어졌어.

다른 펭귄 친구들이 모여 있는 놀이방에도 더 자주 갔지.

놀이방에 가면 우리를 보살펴 주는 든든한 어른 펭귄들도 만날 수 있어.

이곳에서 만난 누나 펭귄이 놀라운 이야기를 들려줬어.

남극은 거대한 땅 위에 내린 눈이 얼면서 두꺼운 얼음이 쌓여 생긴 대륙이래.

눈 밑에 땅이 있다니 놀랍지 않아?

더 놀라운 게 뭔지 알아?

우리가 태어난 이곳은 땅끝을 벗어나

바다가 얼어서 생긴 해빙이라는 거야.

왜 엄마 펭귄들이 가장 추운 겨울에 알을 낳는지도 이해했어.
추운 겨울이라야 해빙이 두꺼워 땅처럼 단단할 테니까.
새끼 펭귄이 태어나 깃털이 다 나올 때쯤이면 여름이 오고 해빙이 녹아.
펭귄들은 이때 자연스럽게 바다로 가는 거지.

누나가 그러는데 만약 해빙이 빨리 녹으면 새끼 펭귄은 위험하대.
물에 젖지 않는 깃털이 다 나기 전에 물에 빠지게 되니까.
아, 그건 너무 무서워.

나와 친구들은 우리가 갈 수 있는 가장 먼 곳으로 소풍을 왔어.
우리는 날마다 조금씩 멀리 가.
풋눈이 저 멀리 지평선을 바라보며 말했어.
"파도와 바다사자가 무서우면 우리 같이 이겨 내자.
누가 먼저 뛰어내리는 게 아니라, 다 함께 뛰어내리는 거야!"
나도 소리쳤어.
"좋아, 동시에 같이 뛰어내리자!"
함박눈과 포슬눈과 자국눈도 소리쳤어.
"그래, 그러면 되겠다!"

드디어 친구들과 함께 바다로 떠나는 날이 왔어.
보송보송한 솜털이 빠지고 자라난 새 깃털은 반지르르 윤이 나서
아침 햇살을 받으면 반짝반짝 빛이 났지.
우리는 열심히 걷고 배를 깔고 밀기도 하며 부지런히 바다로 향했어.

수십 킬로미터를 가니 낯선 냄새가 났어.
하지만 이 냄새가 뭔지 알아.
바로 바다 냄새야.
파도 소리도 들렸어.
나는 저 바다로 가야 해!

파도 소리가 커지고, 바람이 더 세졌어.
우리는 모두 얼음 절벽 끝에 섰어.
벼랑 끝에서 처음 본 바다는 생각보다 더 무서웠어.
다리가 떨리고 숨도 쉬기 힘들었지.
수백 마리의 새끼 펭귄들이 벼랑 끝에 일렬로 섰어.
머리 위로 신호를 보내자, 도둑갈매기가 수를 세었어.
"하나, 둘, 셋!"
우리는 다 같이 바다로 뛰어내렸어.
이제 더는 두렵지 않아.

남극의 신사 황제펭귄

나의 첫 동물 탐구

동물 이름	황제펭귄
크기	몸길이 120센티미터
먹이	물고기, 오징어, 크릴새우
분포 지역	남극
서식 장소	해빙

1

황제펭귄은 새예요.
다 자라면 배는 하얗고, 머리와 등 그리고 꼬리와 날개는 검은색이 되지요.
귀 부분에는 노란색 무늬가 있어요.
흰색 몸통과 검은색 날개가 턱시도를 입은 듯해 '남극의 신사'라는 별명이 있지요.

2

황제펭귄은 펭귄 중에서 가장 덩치가 커요.
120센티미터까지 자라기도 해요.
초등학교 1학년 어린이의 키와 비슷하지요.

다 자란 황제펭귄의 모습

3

황제펭귄은 남극에서 살아요.
기온이 영하 60도까지 내려가는 매우 추운 곳이지요.
황제펭귄은 두꺼운 지방층과 촘촘한 깃털을 갖고 있어요.
그래도 추워서 서로 몸을 붙이고 함께 추위를 이겨 나가요.

8

새끼 황제펭귄이 부모의 도움 없이
걸을 수 있게 되면 또래끼리 무리 지어 다녀요.
12월이 되면 남극의 여름이 시작되고
해빙이 녹으면서 바다가 가까워져요.
이때쯤이면 새끼 황제펭귄도 물에 젖지 않는
깃털이 나서 물에 들어갈 수 있어요.

7

새끼가 태어날 무렵이 되면
암컷 황제펭귄이 바다에서 돌아와요.
암컷은 뱃속에 가득 담아 온 먹이를
게워서 새끼에게 먹여요.
자, 이제 수컷 황제펭귄이 바다로 갈 시간이에요.

6

수컷 황제펭귄은 알을 발등 위에 올려놓고 품어요.
보온성이 좋은 깃털로 알을 덮어 얼지 않게 해요.
알이 부화하기까지 두 달 정도가 걸리는데,
수컷은 그동안 절대 알을 땅에 내려놓지 않아요.

함께 어울려 다니는 새끼 황제펭귄

4

황제펭귄은 수영을 아주 잘해요.
수심 500미터가 넘는 바닷속까지
들어갈 수 있고, 숨을 20분 넘게
참을 수 있어요.

5

황제펭귄의 암컷과 수컷은 4월이 되면 번식지로 이동해요.
이때 남극의 겨울이 시작되고 해빙이 아주 두껍게 얼거든요.
해빙 위에서 알을 낳은 암컷 황제펭귄은 6월이 되면
수컷에게 알을 맡기고 바다로 사냥을 나가요.

글 이지유

서울대학교에서 지구과학교육과 천문학을 공부했습니다. 어린이와 청소년을 위한 과학 글을 쓰고 좋은 책을 찾아 우리말로 옮기는 일을 합니다. 지은 책으로 《우주가 보이는 우주책》, 《용감한 과학자들의 지구 언박싱》, 《집요한 과학자들의 우주 언박싱》, 《식량이 문제야!》, 《내 이름은 파리지옥》, 《별똥별 아줌마가 들려주는 과학 이야기》 시리즈 등이 있고, 옮긴 책으로는 《모두 충전하는 사이에》, 《꿀벌 아피스의 놀라운 35일》 등이 있습니다.

그림 혜경

대학에서 디자인을 공부하고 어린이책에 그림을 그리고 있습니다. 쓰고 그린 책으로 《누가 내 얼굴에 낙서했어》, 그린 책으로 《만지지 마, 내 거야!》, 《무지개 똥》, 《쪼르르 또또》, 《마법의 줄넘기》, 《진짜 대장 이순신》 등이 있습니다.

나의 첫 환경책 3 — 두근두근 첫 다이빙

1판 1쇄 발행일 2025년 6월 16일

글 이지유 | **그림** 혜경 | **발행인** 김학원 | **편집** 박현혜 | **디자인** 기하늘
저자·독자 서비스 humanist@humanistbooks.com | **용지** 화인페이퍼 | **인쇄** 삼조인쇄 | **제본** 제이앤플러스
발행처 휴먼어린이 | **출판등록** 제313-2006-000161호(2006년 7월 31일) | **주소** (03991) 서울시 마포구 동교로23길 76(연남동)
전화 02-335-4422 | **팩스** 02-334-3427 | **홈페이지** www.humanistbooks.com

글 ⓒ 이지유, 2025 그림 ⓒ 혜경, 2025
ISBN 978-89-6591-635-2 74400
ISBN 978-89-6591-597-3 74400(세트)

- 이 책은 저작권법에 따라 보호받는 저작물이므로 무단 전재와 무단 복제를 금합니다.
- 이 책의 전부 또는 일부를 이용하려면 반드시 저작권자와 휴먼어린이 출판사의 동의를 받아야 합니다.
- **사용연령 6세 이상** 종이에 베이거나 긁히지 않도록 조심하세요. 책 모서리가 날카로우니 던지거나 떨어뜨리지 마세요.